Alice
BRIÈRE-HAQUET

Kim
CONSIGNY

Amis, batterie & Cie

Castor Poche

Mercredi 2 octobre

11 ans ! 11 ans, c'est un âge important, non ? C'est le moment où l'on quitte les 10 ans de l'enfance pour se diriger vers l'adolescence, les 20 ans, les 30 ans, la vieillesse presque ! Je les attendais, ces 11 ans... J'avais préparé une belle et longue liste de cadeaux : console, téléphone portable, MP3... il y avait le choix ! Eh bien, non, il a fallu qu'ils m'offrent... une batterie !

ViVER
AiRE

Une batterie pour faire naître le « déclic ». Tu parles ! « Ils », ce sont mes parents bien sûr, et le déclic, c'est celui de la musique. Papa chef d'orchestre, maman premier violon : dans notre famille, on se fait les dents sur un archet et on s'endort au métronome le soir. Le traitement a plutôt réussi à mes six grandes sœurs, toutes musiciennes de talent. Dorothée joue divinement du piano, Rénata de la clarinette, Milène de la harpe, Fanny du violoncelle, Solange de la flûte et Lana du hautbois. Il n'y a que moi, Sibylle, le vilain petit canard, qui multiplie les couacs. J'ai choisi le triangle, histoire de faire le minimum de dégâts, sans savoir qu'il y avait toutes les percussions avec ! Heureusement, les grosses caisses restent au collège. Mais m'offrir une batterie, à domicile, c'est du suicide auditif.

Et, bien entendu, impossible de me plaindre, ou c'est encore moi qui passerais pour l'ingrate de la famille !

À l'autre bout de la salle, enrubannée dans sa robe fluo des grandes occasions, Jenny m'envoie un clin d'œil de soutien. Elle et moi, on fonctionne en langage des signes, version microscopique. Jenny est ma meilleure amie depuis la maternelle. On est un peu comme des sœurs jumelles, sauf qu'elle est métisse alors que je suis très blonde, qu'elle a de belles rondeurs un peu partout alors que je ressemble à un moineau, qu'elle aime s'habiller comme un œuf de Pâques alors que je suis plutôt pour la trilogie basket-jean-sweat, et qu'elle a une voix chaude et dorée alors que je chante comme une casserole. Mais à part ça, on est pareilles. Elle me tend son petit paquet, et je peux lire à l'inclinaison de son sourcil : « Désolée, pas les moyens de t'offrir l'un des super-gadgets de ta liste, mais j'espère que ça te plaira quand même. » Je déballe le papier, et j'y trouve… un journal, toi ! Exactement ce dont j'avais besoin pour me défouler. Il n'y a pas à dire, Jenny, c'est vraiment la meilleure des meilleures amies.

PS : Dorothée, Rénata, Milène, Fanny, Solange, Lana, Sibylle, et si je te dis que le petit dernier s'appelle Donatien ? Tu vois de quel genre de parents j'ai hérité !! En tout cas, pour Donatien il n'y a pas de souci à se faire : du haut de ses 9 mois, une belle carrière de baryton s'ouvre déjà à lui. Il faut dire qu'il la travaille sa voix, jour et nuit…

Jeudi 3 octobre

11 ans, 1 jour et 1 heure, encore une date importante ! Une date qui mériterait un petit traitement de faveur ! Tu parles. À cet instant précis de ma vie, j'étais en classe, dans le silence de la 6e Art.

La 6e Art est une sixième comme les autres... On y trouve des perles de gentillesse (Jenny !), des extraterrestres d'excellence (Makiko, le bébé surdoué, deux ans de moins et deux points de plus sur la moyenne que toute la classe, ou même Charles, mon cousin génial) et d'authentiques petites pestes (Églantine surtout ! et sa bande ensuite). On se suit avec certains depuis la primaire, pour les autres, on se découvre peu à peu. Une 6e normale quoi.

Mais il y a ce petit mot, « Art », trace de la persécution familiale. Oh, il n'a l'air de rien comme ça ! mais demandez donc à un adulte de vous l'expliquer, sûre qu'il vous renverra au dictionnaire… Alors voici ce qu'en dit le *Petit Robert* :

> **Ensemble des activités qui ont pour but**
> **la création de belles œuvres.**
> ***La peinture, la sculpture, la musique* sont des arts.**

Notre collège est plutôt tourné vers les arts de la scène… Chaque élève a sa spécialité : musique, chant, danse ou théâtre, et l'on est donc censés, dans notre spécialité, faire de « belles œuvres ». Mais pour y arriver, les profs ont parfois de drôles d'idées. Celle du jour s'appelle le PPP. Difficile d'en saisir le principe : Mlle Candice, notre professeur principale, est très gentille, mais aussi très… comment dire… en gros, personne ne peut l'écouter plus d'un quart d'heure sans s'assoupir.

Nous étions donc à moitié endormis quand un coup de tonnerre a fait trembler la porte. En une fraction de seconde, tout le monde était debout et la

Caporale est entrée dans la classe. La Caporale fait deux mètres de haut, autant de large, et elle dirige le collège depuis l'époque des dinosaures. Les anciens disent que c'est une crème, mais il faut quelques années de pratique pour le croire.

De sa voix de géante, elle s'excuse, salue, et nous présente « un nouveau camarade : Mathias ». Elle a alors un peu déplacé la masse de son corps, et on a, en effet, aperçu quelque chose qui ressemblait à un élève.

Il s'est avancé.

La première chose qui m'a frappée, ce sont ses yeux, noirs, profonds, intenses. Puis ses cheveux, noirs aussi, avec une mèche bleue. Et ses affaires, noires encore, et rapiécées par endroits. Et enfin la housse de guitare, noire, évidemment, et bardée d'autocollants.

Cher journal, toi et moi, on ne se connaît pas encore très bien, et je ne voudrais pas que tu te fasses de fausses idées, mais ce garçon m'a vraiment fait une drôle d'impression… Il est étrange… Différent… Intéressant.

Vendredi 4 octobre

Le mystère du PPP enfin dévoilé ! Non pas que ça m'inquiète vraiment, mais ça me trottait dans la tête, comme un truc peut-être-un-peu-important-quand-même. Et puis, ça n'a pas été trop compliqué, je suis juste allée questionner Charles à la récré. Il m'a répondu, avec six beaux postillons de pain au chocolat :

– Le PPP, mais c'est le Projet de Pratique Personnelle !

J'imagine que Makiko a remarqué ma mine dégoûtée, parce qu'elle est tout de suite venue à ma rescousse. Makiko, c'est le genre de fille qu'on ne voit d'habitude que dans les films : excellente à l'école, en musique, en sport, et toujours souriante. Si j'apprenais qu'elle sauve en plus l'univers trois fois par semaine, ça ne m'étonnerait qu'à moitié !

Bref. Makiko m'a expliqué, ou plutôt rappelé, ce qu'est le Projet de Pratique Personnelle : il s'agit de numéros que les élèves doivent monter chaque année et qu'ils présentent lors de la fête du 1er trimestre. On peut s'associer avec d'autres disciplines, d'autres niveaux, et l'on est absolument libre de choisir le sujet et la forme. L'important, c'est de mettre en avant son talent. Mlle Candice a visiblement bien insisté sur cet ultime et obscur point.

Il faut dire que Makiko connaît bien Mlle Candice : c'est sa marraine et elle habite chez elle ! Notre prof principale et sa mère étaient les meilleures amies du monde durant leur jeunesse au conservatoire, et elles sont restées en contact quand cette dernière est retournée au Japon. Elle s'y est mariée, a eu une petite fille, avant d'attraper une saleté de maladie qui l'a emportée en quelques semaines. Son père a failli mourir de chagrin, il a voulu prendre un nouveau départ en allant s'installer aux États-Unis, où il essaye d'étouffer son chagrin sous le travail. Ce sont des jeunes filles au pair qui se sont occupées de Makiko jusqu'à ce que Mlle Candice réussisse à faire venir sa filleule chérie en France. Le prétexte officiel est de lui apprendre le français, mais l'ambition officieuse est de la cocooner un peu. Ainsi, Makiko, qui n'a pas encore 10 ans, a déjà dû gérer un deuil et parle trois langues couramment. Une véritable *wondergirl*.

LE PPP, évidemment. Comment ai-je pu l'oublier ? Tous les ans, mes sœurs qui sont au collège se groupent et répètent d'arrache-pied une sonate, un bout de symphonie ou un morceau de concerto. Toute la famille se met ensuite sur son trente et un pour aller les applaudir. C'est un moment que j'aime plutôt bien normalement, parce qu'il y a toujours un gros panier plein de bonbons en libre accès près de la buvette. Et pendant le concert, personne ne le surveille.

Mais monter sur scène avec elles !!!

Pour me ridiculiser devant Églantine et sa clique, et puis devant Jean-Hubert-le-Crâneur, Sylvain et Alex, les jumeaux déjà stars*… Je les entends rire d'ici. Même simplement devant mes amis, je ne pourrais pas ! Et Mathias !

P-A-S Q-U-E-S-T-I-O-N. Il faut que je trouve une solution.

* Qu'on s'entende bien, journal, ne va pas t'imaginer que ces deux andouilles aient un quelconque génie de l'interprétation ! Non non non ! Juste que la loi sur le travail des enfants étant très stricte, les directeurs de casting sont toujours ravis de voir arriver des jumeaux : cela donnera deux fois plus de temps de tournage. Et voilà comment on se retrouve à 10 ans avec une filmographie longue comme le bras… et la grosse tête qui va avec !

Samedi 5 octobre

Je hais le samedi. Je hais le samedi matin. Je hais le samedi matin qui commence par deux heures d'EPS. Je hais le samedi matin qui commence par deux heures d'EPS avec Cloonard.

En fait, je crois que je hais surtout Cloonard.

Cloonard est notre prof de sport. Son drame a été de vieillir. Il a dû être beau, et il ne l'est plus. Pourtant il s'acharne : muscu, UV, muscu, implants capillaires,

muscu… Au résultat, on obtient une carrure de Ken avec une tête de Maître Yoda, les cheveux en plus et la sagesse en moins. Le pire, c'est qu'il se venge sur nous, ses élèves.

– Encore un tour de piste, Mlle Sibylle ! Ça gonflera peut-être les allumettes qui vous servent de jambes ! Ha ha ha.

Très drôle. À croire qu'il y a du clown dans ses poudres protéinées.

Ce matin, on avait commencé depuis un bon quart d'heure quand la porte s'est ouverte. Cloonard s'est retourné d'un bond de panthère, prêt à dévorer le retardataire. Mais c'était Mathias, tout désolé : il ne savait pas où se trouvait le gymnase... Cloonard s'est alors retourné vers nous, un rictus de rage lui défigurant le visage (non, je n'exagère pas, enfin à peine).

– Alors c'est de vooooootre faute ! Un nouveau arrive dans votre classe et personne n'est là pour l'aider ! Bravo ! Belle mentalité !

Et c'est là que le drame est arrivé. Jean-Hubert s'est avancé et il s'est proposé comme guide.

Jean-Hubert, J.-H. pour les intimes, c'est le chouchou de Cloonard. Le clone de Cloonard, sans mauvais jeu de mots. En plus jeune, évidemment. Sportif, bronzé, dentition parfaite (merci papa dentiste), jolies chemises et une cervelle de moineau. Il passe pourtant pour un type sympa auprès de la majorité de mes camarades de classe et a même été élu délégué de classe... pas avec ma voix, c'est sûr ! Moi, j'ai voté pour moi. Pas du tout par égocentrisme, mais parce que j'avais objectivement plein d'idées géniales :

- des distributeurs de friandises au bout de chaque couloir ;

- l'allongement des heures de récré et l'installation d'une salle de cinéma ;

- l'arrêt des devoirs sur table pour sauver quelques arbres.

Mais niet, je n'ai eu que deux voix : la mienne et celle de Jenny. Merci copine !

Bref, tout ça pour dire que c'est vraiment pas de chance. *Un* gars un peu différent débarque dans notre classe, et le voilà déjà happé par le clan des nazes.

Après

Après-midi chez Charles avec Jenny. Nos parents nous laissent y aller à la sortie de l'école parce que Charles habite juste en face du collège et parce que sa mère est toujours là. Enfin, « là »... Disons qu'elle est dans son bureau, enfermée avec son casque et son idée fixe : composer THE symphonie, celle qui révolutionnera le monde de la musique.

Cela fait beaucoup rire papa qui accorde bien peu de crédit au génie de sa petite sœur, mais Charles y croit lui, alors j'y crois aussi.

On se sent bien chez Charles. Le séjour ressemble à un vaisseau spatial des années 1930, avec partout des trucs électriques éventrés qui attendent que mon cousin les dissèque, et en bruit de fond les vieux disques qui tournent d'Ella Fitzgerald, l'idole absolue de Jenny. Charles a l'interdiction formelle de les utiliser pour ses séances de carnage, pardon de « mixage ». Car oui, Charles mixe ! Il mixe de tout d'ailleurs : des bouts de Mozart avec des sons électroniques, mais aussi sa passion des vieux livres

avec celle de la haute technologie, ou encore son amour des chaussures solides avec celui des gadgets futiles. En fait, Charles ne sait pas choisir, donc il ne choisit pas, et ça donne un joyeux bazar. La maison est à son image. Sa mère quitte rarement son bureau, c'est son fils qui fait les courses, la cuisine et le ménage. Mais il ne s'en plaint pas. Je crois même que ça lui plaît bien d'être pris pour un grand et de s'occuper de sa mère comme d'une petite enfant.

On va chez lui tous les soirs pour faire nos devoirs. À trois, ça va plus vite, et puis c'est moins pénible.

Là, on venait juste de finir et on avait ouvert une bouteille de lait-fraise, signe rituel que la journée est terminée. Plus question alors de parler travail, c'est une règle d'or. Mais Jenny n'est pas très forte en règlement :

– Alors ce PPP ? Sibylle, tu vas participer au quatuor familial ?

L'image m'a presque fait cracher mon lait-fraise.

– Parce que tu m'imagines avec mon triangle et mes petites socquettes blanches sur scène ? Non merci, j'ai d'autres plans.

Et je lui ai exposé mes débuts d'idée :

- une simulation de grippe ;

- une simulation de grippe collective (s'ils veulent s'en servir aussi) ;

- une alerte à la bombe (un peu radicale, mais très efficace).

Jenny, apparemment pas emballée, m'a coupée :

– Et avec le plan Vigipirate, on te récupère au commissariat, génial ! Oublie tout ça, j'ai une super-idée.

Depuis le temps que je la connais, j'aurais pu anticiper… Jenny est une incorrigible enthousiaste. Tout lui semble « une merveilleuse occasion ». Ça n'a pas raté :

– Écoute, Sibylle, c'est une MERVEILLEUSE occasion de monter sur scène tous les trois ! N'est-ce pas Charles ? On se retrouve tous les soirs à papoter dans le vide, là on a une FORMIDABLE opportunité de faire un truc ensemble, quelque chose de vraiment constructif ! Arrête de faire ta rabat-joie, on ne peut pas laisser passer ça ! On va se concocter un petit groupe à nous… Charles au son, moi je chanterai, et toi… tu pourrais chanter aussi ! C'est sympa les duos, ça change. Je suis sûre que ça fera MÉGA TOP ! Et puis tu sais, il y a des professionnels qui assistent aux fêtes du collège… Si un producteur nous repère, ça peut être le début d'une carrière EXTRAORDINAIRE ! Tu nous vois pas, tous les trois, parcourant le monde dans des hôtels cinq étoiles ? C'est moi qui prendrai la suite avec le Jacuzzi, mais je vous le prêterai, OK ?

Ses crises d'optimisme n'ont pas de limites, elle aurait très bien pu nous faire élire présidents des États-Unis et nous attribuer un prix Nobel de physique. Une seule solution pour l'arrêter : changer immédiatement de sujet.

La première idée qui m'est venue a été : « Il a l'air sympa le nouveau ! » Je n'aurais pas dû.

– Nooooon ! J'y crois pas ! Waouh ! Notre Sibylle-la-dure-à-cuire aurait-elle finalement un petit cœur qui bat sous sa cuirasse ?

N'importe quoi ! J'ai eu mon « petit cœur » brisé, oui, mais de voir que ma meilleure amie me connaît si mal ! L'amour et moi, ça fait 44. Jenny, elle, tombe amoureuse toutes les cinq secondes. Je me souviens encore de son premier fiancé, un petit blondinet en maternelle. Chaque fois qu'ils se promenaient main dans la main, tous les adultes autour dégoulinaient d'attendrissement. Pouah ! Et quand elle l'a quitté au CP pour ce grand roux qui avait perdu deux dents de lait dans une bagarre, et qui lui offrait tous les jours son goûter, c'est limite si les parents n'ont pas versé une petite larme. Sûr, ils avaient déjà en tête une salle pour le mariage. N'importe quoi. Moi, je me suis bien promis que ça ne m'arriverait pas. Non, simplement, ce nouveau, je le trouve… intéressant.

C'est Charles qui a mis fin à ce début de dispute.

– Ah tiens, « intéressant ». C'est aussi le mot d'Églantine sur le forum du collège ! Pour une fois que vous êtes d'accord toutes les deux. Regarde.

En effet, Églantine s'étalait avec ses copines au sujet de Mathias. Elle avait visiblement pris des photos avec son téléphone, en douce à la sortie, et elle décortiquait les autocollants de sa housse de guitare pour « cerner le personnage ». Ses groupes fétiches s'appelaient les « Ramones » et les « Clash », et la clique d'Églantine les décrivait comme des « allumés trop mal habillés ». J'ai tout de suite su que j'allais adorer.

– On va voir sur le Net ?

Eh bien, j'ai adoré !

Dimanche 6 octobre

Le dimanche est un jour trop long.

Rien à faire, et l'obligation morale de rester en famille. Parfois Charles et sa mère viennent manger à la maison, mais aujourd'hui même pas.

Rénata répète d'arrache-pied pour une audition, et sa clarinette résonne dans toute la maison. C'est vrai qu'elle est douée, très douée. Maman ne peut pas l'écouter sans un sourire béat d'admiration et l'appelle sans arrêt « ma Reine ». Pff. Évidemment, quand je passe avec mon triangle derrière, ça ne fait pas le même effet. Donc clarinette au petit déj, clarinette toute la matinée, clarinette au déjeuner, et dans l'après-midi, papa et maman ont décidé qu'on irait tous faire une balade en forêt. Pour que Rénata puisse s'aérer les poumons.

L'air était un peu frais, les feuilles rouge et or craquaient sous nos pieds, et la forêt embaumait le parfum de terre mouillée. Tout le monde semblait de bonne humeur, même Donatien gazouillait dans sa poussette, les joues un peu plus roses qu'à l'ordinaire. Et moi, j'avais trouvé un super-marron dans lequel je shootais depuis au moins trois kilomètres. Il a pourtant suffi d'une phrase pour rompre ce moment de grâce.

– Quel merveilleux endroit ! Oh, je ne résiste pas… Maman, papa, je peux jouer un peu de ma clarinette ici ? Oh, s'il vous plaît, dites oui, un petit concert en plein air !

Évidemment ils ont dit oui, ravis. Solange et Lana ont surenchéri avec de grandes révérences :

– Bien sûr, Reine !

– Avec joie, Majesté !

– Vos sujets sont tout ouïe !

– Et même tout ouïe-ouïe !

– Un instant je vous prie, les écureuils sont en retard !

Elles ont un don pour l'ironie. Sérieusement, c'est une sacrée chance d'être capable de tout prendre à la légère ! Moi, tout me semble lourd, écrasant. La clarinette a empli nos têtes, couvert le ciel, et j'aurais bien aimé qu'il se mette à pleuvoir pour la faire taire. En réalité, il a juste un peu plu dans mes yeux, quelques gouttes à peine, que personne n'a vues.

Le dimanche est un jour trop long. Vivement demain et… le contrôle d'histoire ! Mince !

Je n'ai rien dit ! Le dimanche, c'est beaucoup trop court, encore une heure ou deux, que je révise.

Et mince !

Lundi 7 octobre

Ce matin, Mathias n'était pas à l'étude après la récré. J'avoue, j'ai un peu cru que Jean-Hubert l'avait déjà laissé tomber. Je l'ai même un peu accusé. Mais comment je pouvais savoir, moi, qu'il était à son cours de guitare ?

Bon, c'est vrai, ces études sont justement faites pour que chacun puisse aller à ses activités particulières. Les comédiens, notamment, ont leur cours de pratique théâtrale à cette heure-là. Mais Mathias est en section musique, non ? Donc bon.

Et puis, occupée à m'assurer que J.-H. faisait bien son travail, j'en ai oublié le mien… Eh oui, je suis de cahier de textes cette semaine ! Comme dans toutes les 6e qui se respectent, un roulement d'élèves est organisé en début d'année, pour porter le cahier de textes de salle en salle. À chaque fin de cours, le prof y marque un petit bla-bla sur ce qu'on a fait et sur ce qu'on est censés faire pour la prochaine fois. À la base, c'est prévu pour que les absents puissent rattraper, mais en réalité aucun élève ne le consulte jamais, et je crois que c'est plutôt un moyen pour les profs de crâner auprès de leurs collègues :

« Regarde un peu, on n'est qu'au premier trimestre, et j'ai déjà bouclé la symétrie axiale avec mes élèves ! » ou « Tu as vu comme mon plan de cours est bien clair, avec plein de sous-sous-parties ? » Bref, un jeu entre grands, mais c'est à nous d'assurer le suivi. J'ai donc abandonné ma place à l'étude et je suis allée dans les couloirs.

Que ce soit clair : je n'ai pas fait exprès d'aller vers les salles de musique ! C'était sur mon chemin. Plus ou moins.

En tout cas c'est là que je l'ai entendu. Il jouait. C'était moins déjanté que les vidéos qu'on avait regardées chez Charles, mais on sentait la même énergie, le même cri, la même envie d'être entendu. Alors je me suis approchée, et j'ai écouté, pour de vrai. C'était… beau ? Oui, mais aussi autre chose… Une sorte d'accord entre l'instrument, l'air et le corps, et puis plus au fond, une mélodie. Et le plaisir. Chaque note semblait juste, sincère, belle. Je suis restée un moment comme une idiote derrière la porte à écouter battre mon cœur au rythme des notes. Quand la musique s'est terminée, j'ai à peine eu le temps de sortir de ma torpeur que la porte s'ouvrait déjà. Je me suis retrouvée nez à nez avec le nouveau, visiblement encore plus surpris que moi. J'ai viré illico au rouge coquelicot, et j'ai improvisé. Plutôt pas mal d'ailleurs, sauf que… Enfin voilà, je te rapporte la conversation, tu comprendras :

Moi : Hey ! Heu… je venais te chercher, pour t'aider à t'orienter… C'est le surveillant qui m'envoie… Heu… Jean-Hubert était inquiet…

Lui : Ah ? Sympa.

Moi : …

Lui : …

Moi : Hum… Extra ta musique. (Si au moins je pouvais arrêter de rougir.)

Lui : (Il sourit – et ça lui va plutôt bien.) Merci, c'est gentil… J'aime beaucoup ce morceau, *Nothing Else Matters* de Metallica, tu connais ?

Moi : Metallica ? (hum) Mais oui (hum) bien sûr (hum), qui ne connaît pas ? (hum hum)

Lui : Sûr, un gros classique du rock… Et t'es en musique aussi, non ? Tu joues de quoi ?

Moi : Moi ? Je joue du trian… euh, des percussions ! De la batterie quoi.

Lui : De la batterie ? Super ! On pourrait essayer de faire un morceau ensemble ! Pour le PPP par exemple ? Ce serait sympa ! Je ne connais personne dans la classe… Il y a bien une fille qui me propose de mettre en musique son spectacle de danse… une certaine Scarlatine, ou un truc du genre… mais je nous sens pas dans le même trip du tout.

Scarlatine ! Il a appelé Églantine « Scarlatine » ! Et il préférerait travailler avec moi ! Trop beau pour être vrai. Je me pince un coup pour vérifier si je ne rêve pas… Ouille ! Ben non, même pas. Sérieusement, journal, impossible de dire non. Adieu grippe, bombe et beaux projets… Non seulement j'ai dit oui, mais j'ai embarqué dans la foulée Jenny (une voix en or !) et Charles (un as de la sono !), et on s'est « checké » la main comme de vieux copains.

Quand on est entrés dans la salle d'étude, toute la 6e Art nous regardait. Mon rouge coquelicot a viré au bordeaux… Je ne sais pas trop si c'est la crainte des ragots (non, ça, je m'en fiche), ou le plaisir de voir Églantine pester dans son coin (ah oui, ça, j'aime bien), ou si, à cet instant précis, je m'aperçois que je vais devoir vraiment apprendre à jouer de la batterie (aïe).

Dans tout ça, j'avais oublié le cahier de textes, j'ai dû y retourner.

Mardi 8 octobre

Missions du jour :
- prévenir Charles et Jenny qu'on forme un groupe de rock ;
- expliquer à Charles et Jenny que si, le rock, c'est bien ;
- sortir la batterie de son carton.

Il y a des jours comme ça où tout semble aller parfaitement bien, et puis finalement, non.

Charles et Jenny semblaient vraiment contents que j'aie changé d'avis sur le PPP... Quand je leur ai raconté comment ça s'était passé, Jenny était littéralement pliée de rire :

– Non ! Scarlatine ? ça lui va trop bien ! Il a l'air extra ce gars ! Je comprends que tu craques, Sibylle. Scarlatine ! Ha ha... Et toi qui fais de la batterie !! Ha ha...

Ce n'était pas le moment de me disputer ouvertement avec ma meilleure amie. J'ai laissé couler les sous-entendus sur Mathias et sa moquerie sur mes talents de batteuse. Mais je me suis un peu vengée quand même.

– Par contre Jenny, il faudra que tu oublies tes petites robes classe, pas rock'n'roll du tout. Je te prêterai un vieux jean troué, ce sera parfait.

Jenny, notre droguée du miroir préférée, monter sur scène mal habillée... L'image était tellement comique qu'on n'a pas pu s'empêcher d'éclater de rire Charles et moi. Du coup on ne faisait plus crédible, mais tant pis.

À la récré, Mathias nous a rejoints, et on a discuté de notre future musique. On pouvait partir sur une base rock, y mêler un rythme un peu blues pour s'accorder avec la voix de Jenny, et puis des sons électroniques pour profiter des talents de Charles et mettre un peu de peps dans tout ça. Tout le monde était aux anges, lorsque Mathias a ajouté :

– Et puis Jean-Hub se proposait pour faire la deuxième voix. C'est une bonne idée, un duo, ça changerait, vous ne trouvez pas ? Il est vraiment sympa, vous le connaissez… Il m'a beaucoup aidé pour ces premiers jours ici, ça m'embêterait de le laisser tomber.

Jean-Hubert ! Le fourbe ! C'est qu'il faut savoir, très cher journal, que l'énergumène n'est pas seulement frimeur et futile, il est aussi raide dingue de Jenny depuis au moins le CM1… Et là, ça sentait franchement le coup monté pour passer des heures de répèt collé à elle !

« Non, non et non ! » me lançaient très clairement les yeux noirs de ma meilleure amie, et son sourcil gauche ajoutait même : « Si tu dis oui, je te tue. »

C'est la sonnerie qui m'a sauvée.

Je suis vite rentrée chez moi pour monter ma batterie. Et j'y ai accroché mon petit triangle aussi. Tout est prêt… enfin… presque.

Mercredi 9 octobre

Quand un premier de la classe n'a pas préparé un devoir, il a un trac particulièrement insupportable. Eh bien, c'est pareil dans l'autre sens ! Cancre je suis, cancre j'ai toujours été, et ça n'a franchement pas été facile d'expliquer à M. Marcus, mon professeur de percussion, que finalement j'aimerais bien travailler, rattraper mon retard, tout ça. J'ai pris l'excuse de la batterie reçue à mon anniversaire, qui avait fait naître le « déclic ». Oui, je sais, c'est petit.

Il m'a donné un tas de livres incompréhensibles. Sûre que c'est pour se venger.

C'est donc le cœur et le sac lourds que je suis allée chez Charles à la sortie des cours.

Jenny boudait toujours. J'ai dû sortir des trésors de diplomatie, en lui expliquant qu'on pouvait lui laisser une petite chance, quand même, à ce pauvre garçon. Parce qu'après tout, ce n'était pas de sa faute s'il était fou amoureux d'elle… Elle n'avait qu'à pas être aussi jolie, marrante et talentueuse…

9 octobre
THME

Qu'elle se mette à sa place un peu !

Charles a réprimé un petit rire, et Jenny m'a envoyé son coussin dans la figure, mais j'ai bien vu qu'elle n'était déjà plus vraiment fâchée. Alors j'ai éclaté de rire, et je savais qu'elle allait suivre. Bingo. Elle en a quand même profité pour placer quelques allusions à mon prétendu coup de foudre. Que j'exagérais… Que ça faisait des années que je boycottais la musique, et que je changeais d'avis pour un simple garçon… et patati, et patata.

J'ai essayé de lui expliquer que ce n'était pas le garçon qui m'intéressait, mais le musicien, mais elle n'a pas eu l'air du tout convaincue.

Tant pis, j'ai usé toute ma salive du jour, et j'ai dix kilos de livres à lire. Ce sera pour la prochaine fois.

Jeudi 10 octobre

Mission du jour :
- lire !

J'ai essayé, journal, je te jure que j'ai essayé ! Mais rien à faire. Tout ce que j'ai compris du rythme avec ces livres, c'est qu'ils font un petit bruit sourd quand on se cogne le front dessus. Je ne sais pas si je pourrai l'exploiter dans notre futur groupe.

Samedi 12 octobre

Voilà trois jours que je me promène avec mes livres dans le sac et mes baguettes sous le bras. Je tape dès que j'ai un instant de libre, sur ma batterie ou sur ce que j'ai sous la main. On est retournés aérer les poumons de Rénata en forêt, et j'ai trouvé un tronc creux qui faisait un bruit intéressant, ça m'a bien occupée pendant le show de notre Reine de la clarinette. C'est déjà ça de pris. Bref, ça avance, mais lentement, très lentement, et c'est un peu désespérant.

Jenny et Charles ont appelé ce soir. Ils sont un peu inquiets, je crois, et veulent qu'on se retrouve demain pour une séance spéciale. Ils auraient une idée pour m'aider… Je suis curieuse de voir quoi !

Dimanche 13 octobre

Quand je suis arrivée, Charles, comme toujours, bidouillait son ordinateur. Il y a accroché sa dernière table de mixage, un truc énorme avec des dizaines de petits boutons et presque autant de leviers colorés. Des courbes à l'écran signalent qu'il se passe un truc dans le casque, un truc qu'évidemment nous n'entendons pas.

À ses côtés, Jenny dans sa robe en taffetas des années 1980 ressemblait tout à fait à une assistante de magicien, surtout quand elle a déclaré après de grands ronds de bras :

– Tadam, la solution miracle !

Puis elle a enchaîné :

– Avec ça, tu vas voir. Tu vas devenir une as de la batterie en deux coups de caisse et trois roulements de baguettes ! C'est in-ra-ta-ble !

Charles a ôté son casque et enchaîné :

– Jenny, si ta carrière de chanteuse te gonfle, tu as un avenir dans la vente au porte-à-porte ! Et toi, Sibylle, pas de fausse joie, c'est juste une table de mixage avec une boîte à rythme intégrée.

J'ai sauté pourtant de joie en criant :

– Génial ! Je pourrai jouer en play-back !

De la batterie en play-back… Pas la peine de les voir se rouler par terre pour me rendre compte de ma bêtise. J'aurais l'air maligne à taper pour de faux. Mon sourire a viré, ils s'en sont aperçus et ont tâché de se calmer. Jenny a posé la main sur mon épaule.

– Allez, Sibylle, ne commence pas à te dégonfler ! Un plan pourri comme le tien, ça s'assume jusqu'au bout ! Tu vas y arriver, on va te faire travailler, suer, baver…

Sympa la copine.

Alors Charles a levé le nez de sa machine et m'a lancé un petit truc en plastique. Une sorte de nounours ridicule qui sourit niaisement en louchant.

Un porte-bonheur ?

Non, une clef USB. Mon cousin a mis des rythmes dessus pour que j'essaye de les reproduire. Me voilà donc affublée d'un ourson qui louche comme prof de musique. Eh bien, ça va être beau… Je me demande si je ne vais pas finalement revenir à mon idée de grippe ! J'ai déjà les sueurs froides… C'est un premier symptôme, non ?

Vendredi 18 octobre

Désolée, journal, d'être moins fidèle, mais contre toute attente, l'ourson crétin se révèle être un plutôt bon prof ! Cela change tout d'entendre les sons… Même les livres, du coup, commencent à s'éclaircir ! J'ai un peu les biceps en feu, mais ce n'est pas le moment de baisser la cadence : la première répétition de notre tout nouveau groupe est fixée au week-end prochain ! Au programme : travail l'après-midi, mais aussi (et surtout) détente le soir, avec une soirée pyjama à base de films et pop-corn comme il se doit.

J'ai cru mourir de joie aujourd'hui quand M. Manne nous a rendu les contrôles d'histoire. Pas vraiment pour les notes. J'ai eu 12, ce n'est pas un exploit, mais pour le peu que j'ai révisé, disons que je ne me plains pas. Jenny a eu 9, et c'est vraiment pas cool parce que je sais qu'elle a travaillé. Elle apprend, elle comprend, mais dès qu'il faut rédiger une réponse, tout s'emmêle. Une vraie galère… J'ai essayé de la consoler, mais l'autre peste, à côté, fanfaronnait : Églantine a eu 18 et visiblement elle tient à ce que toute la classe le sache. Elle l'aurait bien crié à la cour aussi si elle avait eu un haut-parleur sous le coude. Et puis, juste entre nous, ses notes ne cessent étrangement de grimper depuis qu'elle est « super-copine » avec Makiko. Les profs louent sa bonne influence, mais je crois surtout que c'est très commode d'être assise à côté de la première de la classe ! D'autant que Makiko ne correspond pas du tout, mais alors pas du tout, au profil type de « l'amie-d'Églantine » :

- grande habilité dans l'étalage du vernis à ongles ;

- riche garde-robe (de préférence de la taille d'Églantine pour pouvoir lui prêter) ;

- petit rire niais sur commande pour rire à ses blagues ;

- connaissance poussée de tous les ragots sur chacun depuis au moins le CP ;

- jolie mais pas trop (et Makiko est magnifique avec ses yeux en amande) ;

- langage SMS courant exigé.

Bref, tout ça est bien louche, mais impossible de lui rabaisser le caquet sans preuve, et pas moyen de consoler ma Jenny qui avait les larmes aux yeux. C'est Jean-Hubert qui est intervenu :

– Allez, Jenny, t'inquiète, tu vas nous rattraper ça au PPP ! Avec ta voix, on peut viser le 25/20, au moins…

Et Mathias a ajouté :

– Sûr ! Et on pourra bosser un peu le nouveau contrôle ensemble entre deux pop-corn samedi prochain si ça te dit.

Églantine, qui a toujours les oreilles qui traînent, n'a pu s'empêcher de bafouiller :

– PPP ?… Pop-corn ?… Samedi ?

Alors je me suis fait un plaisir de lui expliquer (et je lui aurais bien emprunté son haut-parleur, du coup, si elle en avait eu un).

– Mais oui, on a monté un groupe pour le PPP… Un groupe de rock, ça dépote. Si ça te dit, on peut te trouver un poste de pom-pom girl ?

Églantine a pâli et, au même moment exactement, Jenny a repris des couleurs, comme un système de vases communicants. Et cette matinée catastrophe a viré au jour parfait.

Le seul accroc qui reste, c'est que Jean-Hubert nous a promis de réfléchir à un texte… J'avoue, j'ai un peu peur de ce qu'il risque de nous ramener… Une chanson intitulée « J'aime ma nouvelle chemise » ? ou « I love me » ? ou encore « Le dentifrice, c'est fantastique »… Ça, ce serait du tube !

Mercredi 23 octobre

C'est officiel, ça avance ! Même M. Marcus, ce matin, a eu les rides du front qui se sont relevées et comme un pli sur la joue gauche : aucun doute, c'était un sourire ! Il m'a dit qu'il était « ravi des progrès accomplis », ce qui, dans son principe d'encouragement minimaliste, correspond au moins à deux Césars et un Oscar. J'ai cru, l'espace d'un instant, que j'avais des ailes qui me poussaient vraiment ! Mais c'est peut-être dû aux courbatures que m'ont refilées les exercices… Ouille. La musique, ça fait mal… Mais c'est génial !

Journal, je te le dis à toi, mais promets-moi de ne pas le répéter aux parents, ils sont déjà tellement sûrs d'avoir raison tout le temps... Mais c'est vrai : le seul secret, c'est de s'entraîner. Misère ! j'ai l'impression d'entendre mon père :

« Tu sais, Sibylle, Pratique et Passion sont les deux pieds de la réussite. »

Argh. Je vais finir comme lui...

N'empêche, la première fois que je me suis installée derrière ma batterie, tout me paraissait charabia, et mes baguettes faisaient à peu près n'importe quoi... Mais à force d'y aller, j'ai vu peu à peu les rythmes se déplier, se structurer, et je pouvais les répéter. Pour de vrai ! Mes bras commencent à m'obéir, je sens mes doigts plus forts, plus précis... Franchement, c'est quand même un truc grisant de se sentir potentiellement tout-puissant. Carrément ! Parce que si j'arrive à faire de la musique (moi !), c'est que je suis aussi sans doute capable de piloter un avion ou d'élever un kangourou. Tout n'est que question de patience, et de persévérance ! Certes, j'ai encore un bout de chemin avant de m'autoproclamer star de la batterie, pilote de ligne, ou spécialiste en marsupiologie, mais ça démarre plutôt pas mal et j'ai un peu moins honte d'accueillir les copains samedi.

D'ailleurs tout est prêt : pop-corn, lait-fraise, et plusieurs DVD de concert rock, dont un de Metallica avec un orchestre symphonique pour déjouer la censure parentale au besoin. Maline la Sibylle.

Pourtant j'ai l'impression d'oublier un truc… Mais quoi ?

Jeudi 24 octobre

Les parents !!! J'ai oublié de prévenir les parents ! A priori, ils seront d'accord, ils ont l'habitude avec les frangines et leur tripotée de copines, mais il faut tout de même que je les prévienne, sinon ils risquent d'être surpris. Alors zou :

Mission de tout de suite :
- prévenir les parents !

Après

La vie est trop trop trop trop trop injuste. Mais vraiment trop. Je suis découragée, déçue, furieuse surtout ! Écoute ça, petit journal, et permets que je me mouche dans tes pages.

Je suis allée voir maman. Elle faisait (encore) répéter Rénata, accompagnée de Dorothée au piano. Son audition pour l'orchestre super-select est la semaine

prochaine, et tout le monde est un peu sur les nerfs. Pas le moment de déclencher une crise diplomatique, autant attendre. Je me suis mise dans un coin et je me suis accrochée aux lèvres le sourire le plus admiratif que j'avais en stock. Tu vois, j'y mettais du mien. À la fin, j'ai bien applaudi, et je me suis lancée.

– Écoute, maman, j'ai oublié de t'en parler, mais j'ai des copains qui viennent samedi soir à la maison, on fait une soirée pyjama (je vois un sourcil se froncer) mais c'est pour travailler ! On s'installera dans la salle de répétition. On a monté un groupe avec Jenny, Charles et deux autres copains (le sourcil se relâche). Un groupe de rock (petit sourire attendri). On prépare un morceau à présenter pour le collège, tu sais le PPP.

Plus de sourire, le regard s'est assombri, et en quelques mots, maman a assassiné mon samedi, mes amis, ma vie.

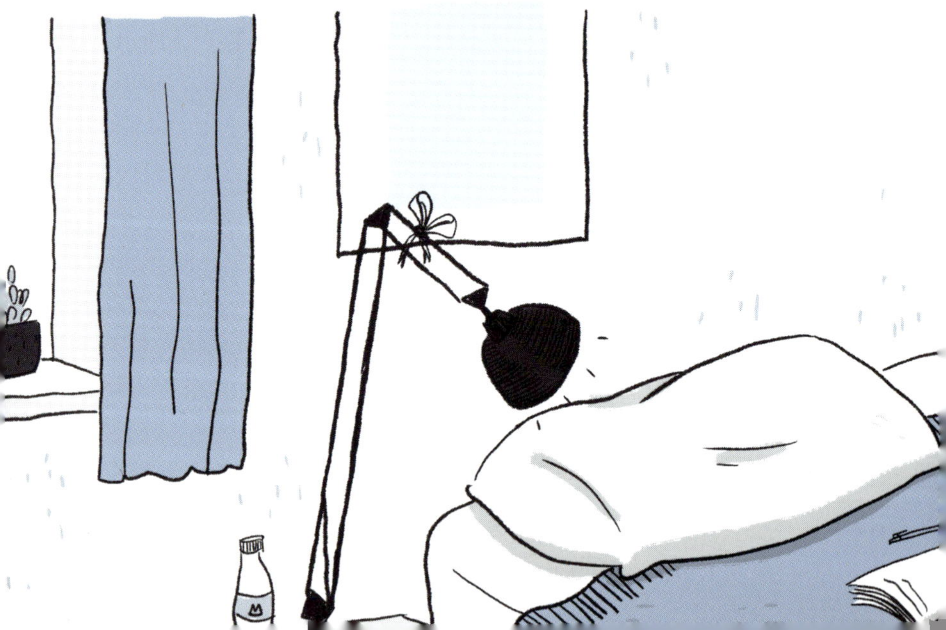

– Ma chérie (quand maman commence par « ma chérie », en général c'est mauvais signe), c'est très bien que tu t'amuses avec tes petits copains, et ils sont les bienvenus ici, mais le collège c'est du sérieux... Tes prestations de PPP sont notées dans ton dossier ! Tu sais pourtant bien que, chaque année, tes sœurs se mettent en quatuor. Tu en feras partie cette année. Je suis en train d'arranger un passage de Bach pour que vous puissiez le jouer toutes les quatre. Et pour tes amis, tu leur expliqueras, ils comprendront...

Facile à dire !!

Vendredi 25 octobre

Impossible. Impossible d'expliquer. Impossible qu'ils comprennent.

Chaque fois que j'ai essayé, une boule s'est nouée au niveau de mes amygdales. Alors je les ai évités, toute la journée. C'est lâche, c'est mal, c'est n'importe quoi, mais ai-je d'autres choix ? Dès que la récré sonnait, je filais aux toilettes... Ils vont me croire malade, tiens... Mais le joker grippe ne peut pas fonctionner jusqu'à la fête de fin de trimestre ! Qu'est-ce que je vais faire ! Je ne peux quand même pas passer le reste de l'année scolaire aux toilettes !

Je vais d'un seul coup décevoir ma meilleure amie, un cousin-presque-frère, et un génie de la guitare électrique. Et le tout devant une andouille aux dents blanches qui va s'empresser de colporter mes malheurs aux quatre coins du collège, de la ville, du pays peut-être... Là, tout de suite, je voudrais juste rassembler mes économies, me payer une opération de chirurgie plastique et changer d'identité.

Mais lesdites économies sont maigres et suffiraient à peine à m'offrir un masque de Mickey… Misère de misère. Qu'est-ce que je vais faire ? Je ne peux pas les regarder en face et faire semblant de rien.

Et c'est déjà presque demain…

Samedi 26 octobre

Je hais le samedi. Je hais le samedi matin, ça, tu le sais bien, mais c'est la première fois, je crois, que je déteste encore plus le samedi soir.

Je n'ai rien dit. Et ils vont arriver d'un instant à l'autre.

« Ding dong ! »

Courage Sibylle. À l'abattoir.

Après

C'étaient Mathias et Jean-Hubert. Maman a fait une drôle de tête. La mèche bleue de Mathias, sans doute, ou les trous au jean, ou les baskets pas lacées. J'ai conduit mes futurs-ex-amis dans la salle de répétition familiale, et leur enthousiasme faisait mal à voir. Ils semblaient atterrir au paradis.

C'est vrai que la quantité d'instruments est impressionnante… Il y a ceux de mes sœurs, mais aussi tous les violons de maman et puis la collection de papa : banjo, mandoline, ukulélé, luth, sitar… C'est là que s'est dirigé Mathias.

– Je peux les essayer, tu crois ? Je ferai super-attention…

J'avais envie de dire : « Bien sûr, Math, tu peux, brûle-les même si tu veux », mais je me suis lâchement contentée d'un hochement de tête.

Au deuxième « ding dong » c'étaient Charles et Jenny. Il fallait que je leur dise. Là. Pendant qu'on était tous les trois. Mais Jenny sautillait :

– Ouiii ! On a un groupe ! Un groupe à nous ! En route pour les auditions, la radio, la télé, les tournées mondiales ! En route pour les étoiles !

Alors ma gorge s'est encore resserrée.

On est descendus. Math était en train de s'essayer à l'arpège sur la guitare baroque de papa, et il est tellement plein de talent que ça sonnait beau comme un vrai morceau. Charles écoutait, conquis, et Jenny a fait de nouveaux petits sauts de joie :

– Wahou, mais c'est vrai que t'es super super doué ! On va tout déchirer avec notre PPP !

J'ai senti que j'allais craquer. Je suis montée, vite, vite, dans ma chambre. Il fallait que ça sorte. De mes yeux, de ma tête. Alors je t'ai pris. Et j'ai écrit, pleuré, écrit, pleuré. Et je continue d'écrire, et je continue de pleurer, et je ne vois pas comment ça pourrait s'arrêter.

Encore après

C'est un des problèmes de naître dans une famille nombreuse : il est presque impossible d'avoir une chambre à soi… Je partage la mienne avec Lana, la fille la plus désordonnée que je connaisse, peut-être même pire que moi. Elle est rentrée (évidemment sans frapper – mais bon c'est aussi chez elle) pile au moment où je reniflais une grosse larme.

– Ben, qu'est-ce qui t'arrive, sœurette ?

Alors je lui ai expliqué : le PPP, le groupe, le quatuor... Lana a réfléchi deux bonnes minutes avant de me sortir, index levé et voix de grand sage :

– Tu dois leur dire.

Bravo frangine ! 10 / 10 ! Je n'y aurais pas pensé toute seule...

Mais elle a continué :

– Tu dois leur dire simplement. Tu poses les faits, tu expliques, et puis voilà. Personne ne pourra t'en vouloir d'avoir des parents psychorigides, par contre Charles et Jenny risquent d'être déçus que tu ne leur aies pas dit la vérité.

C'est vrai que, vu comme ça, ça paraissait moins insurmontable.

Et en effet, quand je l'ai dit tel quel aux copains en bas, je n'ai pas reçu le flot de reproches auquel je m'attendais. Stoïque, Jenny est allée servir une tournée de lait-fraise, pour réfléchir... Tout le monde avait l'air drôlement préoccupé... ça faisait chaud au cœur. C'était à moi de les réconforter ! Je leur expliquais que la situation n'était pas si grave, qu'ils pouvaient bien remplacer mes piètres percussions par des compositions électroniques de Charles. Mais Jean-Hubert m'a coupée :

– Ah non, pas question. Ce groupe c'est ton idée, tu dois y participer !

Et ça semblait tellement sincère que ça m'en a tourneboulée de l'intérieur. Il a ajouté :

– D'ailleurs je crois que j'ai trouvé une idée…

J'aurais alors presque pu l'embrasser. J'ai bien dit **presque**, hein !

Dimanche 27 octobre

Drôle de nuit et drôle de journée.

Quand je me suis réveillée, la première chose que j'ai vue, ce sont les moustaches de papa, puis ses sourcils froncés, puis les yeux écarquillés de maman, puis les sœurs derrière qui pouffaient. C'est à ce moment-là que je me suis relevée et que j'ai mesuré l'ampleur des dégâts…

Jean-Hubert et Charles dormaient dos à dos sur l'unique fauteuil de la salle, Jenny s'était étalée sur les sacs de couchage sans même les dérouler, quant à Math, il dormait encore à moitié plié sur son ampli. Partout, des papiers déchirés, des bouteilles de lait-fraise vides, et des restes de paquets de chips par terre.

Si on voulait faire bonne impression, c'était gagné !

CHIPS

Papa a grogné :

– Alors c'est comme ça que vous répétez ?

J'ai essayé de lui expliquer qu'on était tombés de fatigue à force de travailler. Mais il ne m'a pas crue, et il s'est mis à crier. Et je me suis mise à crier aussi, parce que justement c'était la pure vérité vraie. On avait travaillé toute une partie de la nuit, reprenant à l'infini paroles et mélodie. On avait essayé, repris, corrigé, peaufiné, jusqu'à ne plus savoir qui on était. Alors certes on avait des têtes de zombie, mais qu'on ne vienne pas nous accuser de fainéantise ! C'est ce que j'essayais d'expliquer aux parents, mais je crois qu'on était tous trop énervés pour se comprendre. Heureusement Charles est intervenu :

– Tonton, Tata, rendez-vous à 11 heures : on vous montre ce qu'on a fait.

Alors il s'est tu. Il faut dire que Charles incarne pour mon père l'enfant idéal. Je le crois même un peu jaloux que sa sœur, qu'il prend pour une folle, ait fait un enfant si courtois, débrouillard, et bon en maths. Il a juste répliqué :

– Très bien, on se retrouve à 11 heures… Et vous avez intérêt à être convaincants, sinon on appelle vos parents et Sibylle sera consignée dans sa chambre ! Non mais franchement ! Les bêtises de ce genre, c'est pas avant 16 ans.

– 18 ! a dit maman.

Et ils sont sortis.

On s'est tous activés. Paquets de chips et bouteilles vides à la poubelle, le fauteuil a retrouvé son air de fauteuil, et Jenny et moi avons filé sous la douche. Quand on est revenues, les garçons avaient installé quelques chaises pour faire plus scène et Charles avait même branché deux ou trois lumières. C'est clair que ça fait son petit effet… mais c'est juste du bonus, on a bien mieux que ça pour les impressionner ! Car, il faut bien l'avouer, l'idée de Jean-Hubert est du genre carrément géniale…

J'ai juste terriblement le trac.

Un chocolat chaud va me requinquer. J'espère.

Après

11 heures. L'ambiance est tendue.

Papa et maman ont dû discuter, et leur conclusion peut se lire sur leur front : « Notre petite Sibylle file un mauvais coton. »

Ça me pique dans l'estomac, et ce n'est pas le trac cette fois. C'est triste de perdre la confiance de ses parents… J'espère que notre morceau… enfin j'espère que ça marchera. Il le faut. Je touche le bois de mes baguettes et les croise comme des doigts. Je suis prête.

Toutes mes sœurs sont là, papotant et rigolant. Un vrai public à conquérir elles aussi ! Seul Donatien est sérieux et me regarde droit dans les yeux. Le demi-sourire et l'esquisse de clin d'œil, je les ai sans doute rêvés, mais ça fait plaisir quand même. Je lui renvoie au cas où.

Allez, c'est parti. Mathias a sa guitare, Jenny et Jean-Hub, leur micro, Charles est derrière son synthétiseur numérique qui fait aussi enregistreur, table de mixage, et sans doute le café si on sait lui demander. Je lance le top départ :

– Une, deux. Une, deux, trois, quatre !

Nos gestes sont parfois un peu hésitants, tout le monde n'est pas toujours dans le rythme, mais pour un groupe né la veille, franchement on se défend carrément bien ! Quand Jean-Hub et Jenny commencent à chanter, je sens mon cœur se mettre à battre à mille à l'heure. C'est là que tout se joue. Voici les paroles que Jean-Hub avait mises en forme :

Je ne suis plus un enfant
Sans être pour autant grand
Drôle de passage
Entre deux âges
Où je dois apprendre à faire mes choix,
Mes choix à moi.

Il n'y a pas si longtemps
C'est vous qui m'indiquiez le sens
Et mes premiers pas
Étaient toujours vers vos bras.
Mais je dois maintenant faire mes choix,
Mes choix à moi.

À l'entrée de l'adolescence
J'ai tant besoin de votre confiance
S'il vous plaît restez là
Soutenez-moi
Mais laissez-moi faire mes choix,
Mes choix à moi.

Les parents font une drôle de tête… On les sent un peu impressionnés, mais peut-être pas de là à revenir sur des siècles, enfin des années, de tradition familiale !

Ce sont mes sœurs qui ont assuré : la dernière note résonne encore qu'elles se lèvent toutes dans un tonnerre d'applaudissements. Même Donatien les imite en battant ses petites mains. Lana enchaîne :

– Bravo sœurette ! ça, c'est de la chanson ! Avec du sens et du son ! Et je crois que le message est clair, les parents : on se passera de Sibylle pour le PPP. Ce serait dommage de saboter un si beau début de carrière !

Les parents hésitent… La décision n'est visiblement pas facile à prendre. Mais elle n'est pas facile à entendre non plus ! Je crois que j'en oublie de respirer pendant ces quelques minutes. Fanny et Solange ont alors la bonne idée d'intervenir. Cela donne :

Fanny : Ne vous inquiétez pas, les parents.

Solange : On arrivera bien à se passer de son triangle.

Fanny : Solange, Lana et moi, on forme un chouette trio.

Solange : Et perso, je préfère les trios aux quatuors.

Fanny : Ah oui, trois c'est le chiffre parfait : celui de la Trinité…

Solange : Des pyramides de Kheops…

Fanny : Des Rois mages…

Solange : Des trois petits cochons…

Elles en font un peu trop. Lana les a forcément mises dans le coup… et ça va me coûter cher en services à rendre cette histoire-là ! Mais à cet instant, je suis surtout super-contente : papa et maman flanchent ! Ils ont juste besoin de réfléchir, le temps de déjeuner par exemple. Double bonne idée. Tu vois, journal, les parents et moi, on arrive à être d'accord de temps en temps…

Enfin j'espère.

Après après

Ils nous ont rappelés pour une réunion au sommet.

– Une condition !

Ils sont d'accord à une condition : que je participe à l'orchestre du collège que dirige papa comme bénévole.

– Il faut que tu gardes une pratique du classique, Sibylle. C'est la meilleure école, celle de la technique, de la discipline, et de notre histoire ! Car tous ces grands compositeurs continuent de nourrir la réflexion musicale aujourd'hui, et les groupes les plus révolutionnaires s'en inspirent !

Un pop-corn est presque passé de travers. L'orchestre ! Deux heures le samedi après-midi (encore ce maudit samedi !), et avec papa à la baguette ! L'enfer ! Mais je me suis étranglée tout à fait quand maman a ajouté :

– Oh, oui ! Le mélange métal et classique donne des choses magnifiques ! Quelle énergie ! Quel souffle ! Tu te souviens, chéri, de ce concert de Metallica avec l'orchestre symphonique de San Francisco ? Fanny était tout bébé... On avait laissé les filles à ta mère... Quel merveilleux week-end ! Juste mythique.

Il y a eu comme un moment de flottement dans ma tête… Maman qui connaît un groupe de métalleux et qui en parle avec des étoiles dans les yeux, ça faisait beaucoup d'un coup.

Et ça s'est terminé qu'on a regardé tous ensemble ledit concert en DVD… Oui, celui que je comptais leur cacher. En mangeant le pop-corn qu'on n'avait pas eu le temps de faire la veille.

Bref un dimanche… juste mythique.

Lundi 28 octobre

Hi hi. Quatre coups de fil pour papa ce soir :

1. Allô, oui, bonjour... Vous êtes les parents de ? Mathias ! Oui, oui bien sûr ! Quoi... l'inscrire à l'orchestre ? Mais il n'y a pas de guitare dans un orchestre. Il veut se mettre à la trompette ? Entendu alors... À samedi.

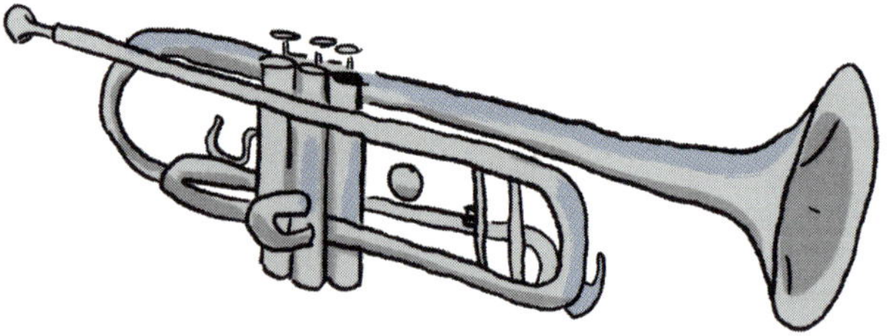

2. Allô ? Ah Charles ! Comment vas-tu, mon grand ?... Oui, je sais que je suis ton oncle préféré, je suis le seul aussi... Tu voudrais quoi ? Faire du xylophone dans mon orchestre ? Mais... heu... Oui, tu es un garçon consciencieux, je sais, tu travailleras tes partitions. Très bien. À samedi ! Embrasse ta mère pour moi.

3. Allô ? Bonsoir Sylvie ! On garde Jenny la semaine prochaine, non ? Tu appelles pour autre chose ? Jenny veut se mettre à la harpe et participer à l'orchestre ? Mais c'est une épidémie, ma parole ! Mais bien sûr. Tu sais que c'est comme notre fille n° 8, on lui trouvera une petite place.

4. Allô ? M. de La Marinière ! Eh bien, que me vaut l'honneur d'un coup de fil de mon dentiste un lundi soir ? Vous vérifiez si je me suis bien brossé les dents ? Ha ha ! Quoi ? Vous êtes le papa de Jean-Hubert ? Ah mais non, je ne savais pas… Vous avez un fiston charmant. Et il voudrait jouer… du tuba ? Dans l'orchestre ? Mais c'est une idée très originale. Oui, oui, avec joie. À samedi M. de La Marinière. Le bonjour à Madame.

Quand il est revenu s'asseoir avec nous à table la quatrième fois, il avait de grosses rides sur le front. Il a passé la main dessus, comme pour les effacer, et il a dit :

– Mathias, Charles, Jenny, Jean-Hubert, et toi Sibylle… Cinq débutants d'un coup… Eh bien, il va être beau l'orchestre cette année !

Moi, en tout cas, je sens qu'il va beaucoup me plaire.

Et j'ai même bien envie de dire : vivement samedi !

L'AUTEURE

ALICE BRIÈRE-HAQUET

« Longtemps, je me suis sentie bête face à la musique, incapable de la lire et de la comprendre : c'était la langue d'un monde trop différent. Pour donner à mes enfants la chance d'y entrer, je les ai inscrits au conservatoire. Je les ai vus peiner, grogner, mais aussi progresser, s'approprier peu à peu leur instrument, jusqu'à avoir, maintenant, des envies d'indépendance : monter leur groupe et composer leurs propres chansons. Sibylle s'inspire d'eux.

Mais l'histoire n'est pas finie, car au fur et à mesure de l'écriture, à force de répéter que la musique c'est difficile, mais qu'il suffit de travailler, j'ai aussi eu envie d'essayer... et j'ai osé ! Le premier tome n'était pas terminé que je sautais le pas en achetant un violoncelle ! À présent, je peine et je grogne comme mes enfants et comme Sibylle, mais je progresse aussi, découvrant petit à petit un monde extraordinaire, celui d'un rêve qui se réalise... »

L'illustratrice
Kim Consigny

Retrouve tous les élèves de la 6e Art

DANS LE PROCHAIN TOME DE

COLLÈGE Art

Silence, on tourne !

Une équipe de télévision s'installe
au collège ! C'est l'occasion rêvée
pour tous les élèves de montrer leur talent.
À moins que mensonges et trahisons
ne viennent tout gâcher…
Sibylle et ses amis resteront-ils soudés ?